THÉATRE DU VAUDEVILLE.

OU

LES REPRÉSAILLES,

COMÉDIE-VAUDEVILLE EN UN ACTE,

PAR M. HIPPOLYTE LEROUX,

Représentée pour la première fois, à Paris, sur le théatre du Vaudeville, le 24 juin 1844.

Prix : 50 centimes.

PARIS,
BECK, ÉDITEUR,
RUE SAINT-ANDRÉ-DES-ARCS, 21,
TRESSE, successeur de J.-N. BARBA, Palais-Royal.

1844.

LE CLIENT
OU
LES REPRÉSAILLES,

Comédie-Vaudeville en un acte,

PAR M. HIPPOLYTE LEROUX

Représentée pour la première fois, à Paris, sur le théâtre du Vaudeville, le 24 juin 1844.

PERSONNAGES.	ACTEURS.
ALEXIS CAILLARD (27 ans), Notaire	M. FÉLIX.
UN CLIENT (50 ans)	M. BARDOU.
JENNY (18 ans), femme d'Alexis	Mad. DELVILLE.
CLARA (25 ans), amie de Jenny	Mad. THÉNARD.
LÉON (16 ans), clerc de M. Caillard	Mlle Victorine CAPON.
JUSTINE, femme de chambre de Jenny	Mlle IRÈNE.

(La scène se passe en province, chez Alexis Caillard.)

Le premier acteur inscrit tient la gauche du spectateur.

Le théâtre représente un salon demi-élégant; porte au fond sur une autre pièce, avec cette inscription : ETUDE, et un trait de droite à gauche du spectateur pour indiquer; portes latérales; fenêtre à droite, en angle, et cheminée en face de la fenêtre.

SCÈNE PREMIÈRE.

(Un guéridon tout servi à gauche).

JENNY, JUSTINE, PUIS ALEXIS.

JENNY, entrant par la droite à Justine qui, au lever du rideau, achève le service du guéridon.

Eh bien! Justine, a-t-on prévenu mon mari pour le déjeûner?..

JUSTINE.

Oui, Madame, déjà deux fois (appelant par la porte gauche). M. Caillard! M. Caillard!

ALEXIS, par la gauche.

Me voilà, me voilà! (Justine sort au fond.)

JENNY.

Tu avais quelqu'un dans ton cabinet?..

ALEXIS, (riant).

Non... pardon, chère amie, de t'avoir fait attendre; mais en parcourant un dossier, je viens de faire une découverte dont tu ne te doutes pas... ni personne dans la ville, j'en suis sûr! (confidentiellement) Les époux Boisjolin... pas mariés...

* Alexis, Jenny.

JENNY.

Vraiment?..

ALEXIS.

Parole d'honneur, j'ai les pièces sous les yeux... Un placement au nom de la femme... et qui ne regarde pas le mari!.. comme dans la chanson de Béranger... Veux-tu que je te la chante?..

JENNY, (pensive.)

Non!.. c'est singulier... tu m'apprends tous les jours des choses... Mais en tout cas, que t'importe?

ALEXIS.

Que m'importe?.. se passer du notaire!.. moi qui le suis... c'est scandaleux!.. Du curé, à la bonne heure, je ne dis pas.

JENNY.

Quel blasphême!

ALEXIS, (souriant.)

C'est juste... j'oubliais que j'ai pris ma femme au couvent l'année dernière... Tu es une sainte, toi...

JENNY, (passant au guéridon à gauche)

Occupons-nous de déjeûner.

ALEXIS.

Pour me fermer la bouche.. (Tout en allant chercher une chaise devant la fenêtre)? Excellent moyen, et tout-à-fait de mon goût (s'arrêtant tout à coup en tenant la chaise)! Tiens!.. tiens.. en face.. viens donc voir, chère amie.. (Jenny fait un pas vers lui). Le ténor du théâtre chez la *colonelle* du génie!..

JENNY.

Alexis!..

ALEXIS, (insistant).

Permets donc... permets...

JENNY.

Que t'importe encore?..

ALEXIS.

Çà m'importe... (Puis en plaçant à la droite du guéridon la chaise qu'il tient pour sa femme.) Au fait, le génie et les arts sont faits pour s'entendre!.. (Il s'assied en face de sa femme à gauche du guéridon.)

JENNY, (avec un léger dépit).

Oh! très bien... mais si je te croyais, vraiment, mon ami, sais-tu que le monde serait fort peu recommandable?.. et les femmes surtout!.. A t'entendre, elles sont presque toutes légères et coquettes, pour le moins.........

AIR : du baiser au Porteur.

Tu n'épargnes pas un ménage,
Contre tes traits aucun n'est à l'abri;
Il n'est pas une femme sage
Qui soit fidèle à son mari,
Pas un époux, non, qui ne soit trahi!..
Boileau, pourtant, ce critique sévère,
Jadis, en comptait *trois*!

ALEXIS.

Vraiment?.
Trois à Paris, c'est possible, ma chère.
Mais Paris est trois fois plus grand.

JENNY.

Je ne sais pas, en vérité, pourquoi tu ne me parles que de cela?..

ALEXIS, (étourdiment).

C'est que je m'y connais, je t'en réponds..

JENNY, (vivement).

Comment cela, s'il vous plaît?

ALEXIS, se (reprenant).

Ah!... comme notaire... (La porte du fond s'ouvre.) Mais, qui vient là?..

SCÈNE II.

LES MÊMES, LÉON, par le fond.

LÉON, un dossier à la main.

Monsieur, c'est moi...

ALEXIS.

Vous, Léon, entrez! (à part) Il arrive à propos pour faire diversion.

LÉON, reculant timidement.

Non, vous déjeûnez, je reviendrai..

ALEXIS.

Pour affaire d'étude!..

JENNY, (l'encourageant).

Il faut bien...

LÉON, (se plaçant debout entre eux) *.

Alors, Monsieur Caillard, c'est pour cet acte à préparer...

ALEXIS.

Bon, nous allons voir çà... Mais avez-vous déjeûné?... (Léon paraît embarrassé.) Non!.. comment, et le festin de l'étude?.. Menu consacré... deux bouteilles de vin et pain à discrétion.

JENNY, (sourian).

Cela ne vous a pas séduit?..

ALEXIS.

Tenez, mettez-vous là, que nous commençions.

LÉON, (reculant pour prendre la chaise près de la cheminée).

Cette faveur, M. Caillard... (puis à part en s'arrêtant.) Oh! je n'oserai jamais!..

ALEXIS.

Allons! pas de façon... (Léon avance la chaise.) Eh! monsieur votre père n'est-il pas un de mes meilleurs clients?.. Asseyez-vous donc là entre nous deux!

LÉON, (très troublé).

Entre vous deux... Madame!... (Il hésite et s'assied sur le bord de la chaise.)

ALEXIS.

Ah! çà, mon cher, vous êtes d'une timidité!.. (riant) C'est une éducation à faire, et une occasion, parbleu de Goûter ce vin d'Arbois, que m'envoie le client Grivelet.

LÉON.

Dont vous venez de marier la demoiselle...

ALEXIS (versant en riant).

Demoiselle! enfin... c'est sur le contrat. (élevant son verre) A la santé du mari!

LÉON (vivement).

Comment... c'est donc vrai que mademoiselle Grivelet...

JENNY (même jeu).

Non... ne le croyez pas... monsieur Léon; Les femmes valent beaucoup mieux.

LÉON (aec feu).

Que ne dit M. Caillard?.. Oh! oui, n'est-ce pas, madame, les femmes!..

ALEXIS.

Oh! anges consolateurs! baume de l'existence! Mais voyons cet acte en question... qu'est-ce?.. ah! le contrat de M. de Morant, qui doit être signé ce soir.

LÉON (montrant les papiers).

Oui, avec une veuve dont je ne vois pas les titres... je ne trouve qu'une note.. et si obscure...

ALEXIS.

Oh! les veuves, d'abord, ce n'est jamais clair.

JENNY (se piquant).

A leur tour, maintenant!... Ah! monsieur Léon, à quelle école vous êtes!...

* Alexis, Léon, Clara.

LÉON (à demi-voix).

Oh! ne craignez rien, il suffit que ça vous déplaise... (à Alexis). Et quelle qualité mettrai-je?...

ALEXIS.

Mettez toujours veuve... titre élastique et privilégié, çà dit tout ce qu'on veut!

JENNY, avec impatience.

Oh! je n'y tiens plus!

ALEXIS (retenant Léon qui a fait un mouvement pour se lever).

Tu nous quittes, chère amie. Restez donc!

JENNY.

Air : marche du châlet.

Oui, c'est trop de médisance,
Je m'éloigne, car je veux
Croire, malgré vous, qu'en France
Il est des cœurs vertueux!..
Votre langage m'attriste

ALEXIS.

Il ne faut pas te fâcher..
La vertu, puisqu'elle existe,
A grand tort de se cacher?

ENSEMBLE.

JENNY.

Ah! c'est trop de médisance!
Je m'éloigne, car je veux
Croire, malgré vous, qu'en France
Il est des cœurs vertueux!

LÉON, à part.

Elle craint la médisance,
Et, pour lui plaire je veux
Croire, ainsi qu'elle, qu'en France
Il est des cœurs vertueux.

ALEXIS.

Tu blâmes la médisance;
Eh! bien si! désormais, je veux
Croire ainsi que toi qu'en France
Il est des cœurs vertueux,

(Jenny sort à droite. — Léon se lève et fait un pas vers elle).

ALEXIS.

Ah! ah! elle s'en va; ce que c'est que l'esprit de corps!.. (il se lève et sonne; Justine et un domestique enlèvent le guéridon. — Venant à Léon). Du reste, Monsieur, soutenez toujours les droits de la femme, c'est un devoir... (souriant) et l'on doit d'autant mieux consolider leur fortune...

LÉON (avec aplomb).

Qu'on démolit leur vertu!.. c'est juste.

ALEXIS, lui frappant sur l'épaule.

Tiens, tiens, ce n'est pas mal... allons, allons, je ferai quelque chose de vous... mais je vais m'habiller pour un inventaire... prévenez à l'étude que je n'y serai qu'à trois heures... (en s'en allant) Je ferai quelque chose de vous. (Il sort à gauche).

SCÈNE III.

LÉON, (seul avec feu).

Oh! si je savais qu'il eût dit vrai, le patron, et que les femmes ne suivissent pas le contrat à la lettre! oh! d'abord, je tomberais tout de suite aux pieds de la sienne!... C'est peut-être le vin mousseux qui me donne de l'audace.. mais dans ce moment-ci il me semble que je lui dirais!... (remontant) on vient!.. si c'était elle!.. — (passant à droite) non!.. un monsieur... sans doute un client!! Oh! mais ce n'est que partie remise, occupons-nous d'abord de ce contrat.. (il l'examine).

SCÈNE IV.

UN CLIENT, LÉON.

LE CLIENT.

M. Caillard, s'il vous plaît?

LÉON.

Sorti, Monsieur; il ne reviendra qu'à trois heures. (à part) Je n'ai pas encore vu cette figure là...

(Il plie avec affectation le coin de plusieurs feuillets; jeu prolongé).

LE CLIENT.

Et à cette heure, je serais sûr d'avoir l'avantage de faire sa connaissance?

LÉON (avec aplomb).

Le plus sûr serait encore ce soir, oui, parce qu'il y a signature d'un contrat de mariage.

LE CLIENT.

Je le sais...

LÉON.

Ah! on vous l'a dit à l'étude... pardon, alors, Monsieur, (montrant ses papiers avec une importance comique), mais comme c'est moi qui rédige le contrat... et ce n'est pas facile... un contrat de veuve... ah! ah! ah! ... vous comprenez... tout le monde comprend ça!... (il va pour sortir).

LE CLIENT (le retenant).

Permettez... permettez... (à part) Voilà un petit homme bien tranchant! (avec une ironie réfléchie) Sans indiscrétion... quel âge avez-vous, mon vieil ami?..

LEON, (se redressant, même jeu).

Votre vieil ami... a seize ans, Monsieur! (A part.) Est-il drôle donc!

LE CLIENT.

Et... où avez-vous appris, s'il vous plaît, que les veuves...

LÉON.

Ah!... c'est connu... histoire ancienne.. Titre élastique et privilégié, comme dit le patron, c'est la bouteille à l'encre!

LE CLIENT (retenant un mouvement).

Vraiment?.. c'est... votre patron qui vous apprend des calembourgs sur le mariage?.. Eh bien... c'est un joli cours de pratique qu'il vous fait suivre là, je lui en fais mon compliment.

LEON.

C'est qu'il connait un peu les femmes, lui!

LE CLIENT.

Pour vous deux, à ce que je vois... et quand on en médit, vous faites écho... faute de pouvoir mieux faire encore... c'est une consolation bien innocente.

LÉON.

Monsieur veut plaisanter?..

LE CLIENT (avec force).

Je ne plaisante jamais là-dessus, jeune homme. Écoutez-moi donc, et laissez un moment ces papiers... auxquels vous faites ainsi des marques...

LÉON.

Dites des cornes!... un contrat de mariage!

LE CLIENT.

C'est juste... d'après le système.. mais vous ne pensez donc jamais qu'un jour pourtant, vous vous marierez, enfant!... et votre patron, lui, tout le premier, doit sans doute être marié, ne fut-ce que pour payer son étude?

LÉON (avec feu).

Oh! oui, monsieur, marié, et à une femme charmante!

LE CLIENT.

A une femme charmante! comme vous dites cela!... et vous l'avez remarqué... La leçon profite, avec vos dispositions... oh! que ce ne soit pas moi qui vous retienne!... mais, au risque de ne pas vous paraître très spirituel, je vous dirai, mon jeune ami : croyez aux paroles d'un homme qui ne considère pas tout à fait le mariage sous le même point de vue, quoiqu'il ait un peu vécu aussi... et qui pense que, même en 1844, il y a encore beaucoup plus de femmes honnêtes qu'on ne le dit, attachées à leurs devoirs et à leurs maris... à moins que ceux-ci ne leur donnent l'exemple du contraire, ou le droit de s'en affranchir!... (Léon étouffe un baillement.) Mais je vois que cela vous fait l'effet d'un sermon... amen!... ce n'est pas là mon état.

LÉON.

Ma foi, je l'aurais cru, monsieur prêche si bien!...

LE CLIENT (remontant).

Allons, allons, ménagez davantage les cornes, et tâchez que le contrat de votre veuve, ne soit pas la bouteille à l'encre... je reviendrai à trois heures.

(Il sort par le fond.)

LÉON (étourdi).

Qu'est-ce que c'est que cet homme là?... quelque jobard, qui vient probablement se remarier... ah!... il va bien nous amuser à l'étude...

(Il sort en riant, par le fond.)

SCENE V.

CLARA, ALEXIS, puis JENNY.

ALEXIS, (par la gauche donnant la main à Clara).

Donnez-vous donc la peine d'entrer, madame; ma femme est prévenue... et ne voudra pas faire attendre une amie... (à part) une femme charmante!... (haut.) Madame n'est pas de notre ville?

CLARA.

Non, monsieur.

ALEXIS.

Ça se voit tout de suite...

CLARA.

Je viens de Paris par Vichy... du reste, je ne m'étonne pas que Jenny ait négligé ses amies, son mari peut bien les lui faire oublier.

ALEXIS.

Ah!... madame...

CLARA.

Et j'ai hâte de lui en faire compliment.

CLARA (voyant Jenny entrer à droite et courant à elle). *

Jenny!

JENNY.

Clara! (elles s'embrassent.)

CLARA.

Depuis trois ans que nous ne nous sommes vues!...

JENNY.

Mais, j'ai eu de tes nouvelles depuis... oui, tu as fait un mariage magnifique... 30,000 livres de rente... (Clara lève les yeux au ciel.) Mais la joie me fait oublier... Alexis, je te présente la meilleure de mes amies.

ALEXIS (avec empressement).

Comment donc, madame, mais les amies de ma femme... surtout quand elles ont autant d'esprit, de charmes, de... (à part) et de rentes.

CLARA.

Allons, monsieur, vous voulez que je tienne ma promesse?... oui, chère Jenny, je te trouve bien heureuse!...

JENNY.

N'est-ce pas?... mais comme tu soupires en me disant cela... est-ce que toi, de ton côté...

CLARA.

Oh! nous parlerons de moi plus tard... (à Alexis avec enjouement.) Cette ville me paraît fort jolie?

ALEXIS.

Oui, madame, au premier coup d'œil, l'ensemble, l'aspect général; mais il ne faut entrer nulle part.

JENNY.

Oh!... un séjour charmant!

CLARA.

Tant mieux... moi qui viens m'y fixer... dans les environs.

JENNY.

Quel bonheur!

CLARA.

Mais lequel des deux faut-il donc croire?

JENNY.

Moi seule; lui est mauvaise langue!..

ALEXIS.

A la bonne heure, ça me dispense de faire

* Alexis, Clara, Jenny.

mon éloge. Mais pardon, les affaires avant tout, ce matin un inventaire et tantôt un contrat épineux à étudier... (souriant.) Madame n'est pas veuve, par hasard?...

JENNY.

Mais non, certainement, quelle idée?

CLARA.

Et qui vous fait donc rire?... est-il singulier!

ALEXIS.

C'est qu'alors j'aurais tenu mon sérieux par égard... mais du moment qu'il n'en est rien... je puis... (il va pour rire et s'arrête.) Non, ma femme me supplie...

AIR : J'en guette un petit de mon âge.

CLARA *surprise.*

Mais permettez... je suis un peu comme elle,
Et je craindrais, par de malins propos,
D'effaroucher ma clientelle...
Surtout avec trois notaires rivaux!.

ALEXIS.

A ce danger bien loin que je m'expose,
(*mouvement de Clara*)
On me préfère... on est bien obligé...
Car pour clients... et pour clientes j'ai
Tous ceux qui craignent quelque chose.

C'est la meilleure étude du département! (mouvement plus marqué de Jenny pour l'arrêter; allant à elle.) Mais ma femme aura beau faire... elle* ne m'empêchera pas de vous dire, madame, combien je suis flatté de vous connaître... si vous voulez bien le permettre, je serai votre chevalier, votre guide dans notre ville... vous verrez nos curiosités... très peu curieuses!... notre salle de spectacle, nos promenades... surtout le parc... confident peu discret des galants rendez-vous, lieu fatal aux maris... ce qui fait que nous l'appelons... le parc aux cerfs!... (mouvement de Jenny.) Chut!.. enfin, vous verrez nos sociétés, les mauvais conseils, les perfidies, une légèreté et une médisance... oh! une médisance atroce!... au point qu'on n'ose plus quitter le salon, sous peine d'être déchiré... heureusement, madame n'est point de notre ville, et je puis sans danger... mille excuses, pardon... j'ai bien l'honneur... (il salue et va pour sortir. Clara et Jenny font un mouvement pour se rapprocher.) Oh! je vous en prie, mesdames, ce n'est pas bien, un peu d'indulgence... ne m'accablez pas trop...

(Il sort au fond.)

SCENE VI.

CLARA, JENNY.

JENNY.

Oh! que de choses à nous dire! mais qu'as-tu donc?

CLARA (piquée).

Non, je ne reviens pas de ma surprise... (L'imitant.) «Madame n'est pas veuve par hasard? Cet air cavalier!.... mais si je l'étais pourtant!

JENNY (avec émotion graduée).

Oui, il a tort, grand tort;.. plus que tu ne penses; et vis-à-vis de moi-même, si je pouvais dire tout ce que j'éprouve, si je l'osais?.. (Avec embarras.) c'est un langage si nouveau et si étrange pour mon oreille!

CLARA.

Comment... avec toi-même?

JENNY.

C'est plus fort que lui! nous n'avons pas une connaissance, une amie, qui n'ait à se reprocher quelque chose, du plus au moins! Au spectacle, si je lui montre une jolie femme, à l'avant scène, avec son mari, — oui, me répond-il, mais son regard est à l'orchestre... où n'est pas son mari! Au bal, la même chose, à la promenade, partout... tu as entendu comme il a baptisé notre Parc!.. car c'est lui..

CLARA.

Je m'en doutais.

JENNY.

Alors, tu conçois... moi, au milieu de propos pareils, je ne sais plus que penser du ménage, du monde... des femmes!.. toutes mes idées se confondent!.. Oh! mais non, n'est-ce pas, Clara, ce n'est pas vrai?.. Alexis me donne là des idées injustes et fausses?.. oui, dis-moi, pour mon repos, qu'il se trompe et qu'il m'égare!..

CLARA.

Certainement,... ah! il n'est médisant que comme cela, ton mari?.. et, dis-moi, personne encore, depuis un an de mariage, qui ait eu la charité de t'éclairer?.. et sur une demi-douzaine de clercs qu'a ton mari, pas un qui ait essayé de te donner des renseignements?

JENNY (du ton d'une victime).

Mon Dieu non!

CLARA (éclatant de rire).

Ah! ah! ah!

JENNY.

Qu'est-ce qu'il y a là de si plaisant?

CLARA.

Rien... mais ton mari peut se flatter d'avoir une chance!... A quoi sert donc l'Ecole de droit?

LÉON (entrant vivement par le fond puis reculant).

Quelle est cette dame?

CLARA.

Quel est ce jeune homme... qui se retire?

JENNY (un peu troublée).

Ah!.. c'est M. Léon...

SCÈNE VII.

LES MÊMES, LÉON.

CLARA (souriant).

Est-ce moi qui vous fais peur, monsieur?...

* Clara, Alexis, Jenny.

* Alexis, Jenny,

LÉON.

Au contraire... une jolie femme...

JENNY.

C'est que M. Léon est très timide.

CLARA.

Et galant !.. (Bas à Jenny.) Et... qu'est-ce que M. Léon ?

JENNY (bas).

Un clerc de mon mari... mais celui qu'il préfère.

CLARA (avec finesse).

Ah bien !.. (A part.) instinct de mari !

LÉON (à part).

Qu'est-ce qu'elles ont donc à chuchoter comme cela ?.. c'est ennuyeux à la fin.. (Haut à Jenny, se donnant de l'aplomb.) Je venais.. je venais rappeler à M. Caillard son inventaire, il est l'heure passée.

JENNY (avec un rire embarrassé).

Aussi, il est parti depuis longtemps.. d'où sortez-vous donc ?..

LÉON (jouant l'étonnement).

Ah ! vraiment ! (A part.) C'est bien pour çà que je croyais la trouver seule... je me sens d'une hardiesse dans ce moment-ci !..

CLARA (à part).

Il est gentil ce petit bonhomme!.. et je crois que Jenny ne m'a pas attendue pour être de mon avis.. ah! ma foi, Monsieur le notaire, puisque vous vous entendez si bien à attiser le feu... ce n'est pas moi qui l'empêcherai de prendre!...

JENNY.

Mais, Clara, à quoi penses-tu donc ?

CLARA.

Je me rappelle une note à écrire... pour l'affaire qui m'amène ici... oh ! ne te dérange pas; je trouverai bien ce qu'il me faut...

AIR : final de la veille du mariage.

Ne te gêne pas, chère amie ;
Monsieur va rester près de toi...
Surtout point de cérémonie,
J'attends ici comme chez moi.
(A part) Jenny se trouble, quoique sage ;
Et je devine à sa rougeur
Que notre sexe, qu'on outrage,
Pourrait bien trouver un vengeur !...

ENSEMBLE :

Ne te gêne pas, chère amie, etc.

JENNY.

Ne tarde pas, ma chère amie,
A revenir auprès de moi ;
surtout point de cérémonie,
Agis ici comme chez toi.

LÉON. à part.

Je suis heureux que son amie
la laisse, enfin, seule avec moi..
Mais près de femme si jolie
Il faut surmonter mon effroi !

(Jenny accompagne Clara qui sort à droite.)

SCÈNE VIII.

LEON, JENNY.

(Petit moment de silence.)

LÉON [à part].

Bon ! voilà mon courage qui s'en va ! mon dieu ! mon dieu !

JENNY [à part].

Elle me quitte !.. je ne sais quel trouble soudain !.. (Elle fait un pas vers le fond pour sortir.)

LÉON [vivement].

Madame Caillard!

JENNY [s'arrêtant].

Que me voulez-vous, monsieur Léon ?

LÉON, après un effort comique.

Rien... Et cependant... (A part.) Ah ! tant pis, je me lance ! (*haut*) Ne vous fâchez pas et écoutez-moi ?...

JENNY [très troublée].

Parlez, monsieur Léon...

LÉON.

Oui, mais c'est plus difficile que je ne croyais... si vous saviez...

JENNY.

Je... ne sais pas... et j'attends.

LEON [avec feu].

Eh bien !.. apprenez, Madame, qu'il y a une femme... qui a fait naître en moi des sentiments que, jusqu'à ce jour, je n'avais pas connus...

JENNY.

Ah !...

LÉON.

Cette femme, elle a un mari... et je ne sais comment concilier dans mon âme... cette émotion... ce trouble... cette crainte respectueuse dont je suis saisi devant elle... avec l'opinion de M. Caillard sur les femmes mariées!.. (soupirant) Vous connaissez son opinion, Madame ?

JENNY [vivement].

Que trop, Monsieur !

LÉON.

AIR : a Yelva.

A ses conseils, à son expérience,
Avec ardeur je voulais me livrer ;
Il me semblait guider mon ignorance
Dans cette route où je brûle d'entrer...
Mais l'espérance est à côté du doute,
Un doux regard vient démentir sa voix...
Je suis hardi... quand c'est lui que j'écoute...
Je suis tremblant... si tôt que je la vois !.

JENNY [avec légère impatience].

Mais que m'importe, Monsieur, et où voulez-vous en venir?

LÉON [avec explosion comique].

Je veux... je veux que vous me disiez, Madame, s'il a tort, ou s'il a raison?

JENNY [avec un mouvement pour s'éloigner].

Quelle question me fait-il là ?

LÉON [s'animant par degrés].

Oh ! il y va de ma vie ! car si je pouvais l'espérer... si je pouvais croire que mon amour n'excitera pas le courroux de celle...

JENNY.

Eh! que sais-je, Monsieur?

LÉON.

Vous ne devinez pas... (avec résolution en tirant une lettre de sa poche.) Eh bien! Madame, tenez! voilà qui vous parlera pour moi et qui vous exprimera mieux tout ce que je n'oserais jamais vous dire! (Il lui remet la lettre quoiqu'elle la repousse, et sort très vivement par le fond.)

SCÈNE IX.

JENNY, SEULE.

Une lettre! une déclaration d'amour! (courant sur ses pas) M. Léon!.. oh! certainement, je ne l'ouvrirai pas!.. (Retournant la lettre en tous sens.) Cependant... si, sans l'ouvrir... j'avais pu... ça doit être si drôle, une déclaration... et si gentil!.. (avec dépit) Non! c'est impossible!.. ah! qu'il est ennuyeux... il a mis de la cire partout!.. Oh! je n'ai jamais eu autant d'envie de lire une lettre!

SCÈNE X.

JENNY. CLARA, PAR LA DROITE.

CLARA (entrant sur les derniers mots).

A part. Une lettre!..

JENNY.

Je suis toute bouleversée! il me semble qu'il doit avoir un joli style, M. Léon...

CLARA, à part.

C'est de M. Léon!

JENNY, avec dépit.

Et ne pouvoir pas en juger sans me compromettre!

CLARA, lui enlevant le papier en riant.

Si ce n'est que cela, je prends le péché sur mon compte!.. (elle décachète.)

JENNY [surprise].

Clara!.. qu'as-tu fait?..

CLARA.

Je t'ai fait plaisir!

JENNY (allant écouter.)

Chut!..

CLARA [riant, à part].

Eh!.. M. Léon... si on le laissait faire!.. (Elle lit d'un ton solennel et pathétique.)

« Je ne résiste plus, non, Madame! dès l'instant où je vous ai vue, je vous ai aimée...

JENNY.

Vraiment, il y a ça!..

CLARA [riant et le lui montrant].

En toutes lettres!.. (comme après avoir parcouru bas.) ah! ah! et la suite, ce pauvre garçon qui ne demande qu'à s'éclairer!.. Et comme ça se rencontre? toi qui en demandais autant tout à l'heure!.. (avec solennité.) Vous avez été entendus de la Providence!

JENNY.

Mais, plutôt que de te moquer, conseille-moi... à ma place, que ferais-tu?

CLARA.

Attends donc... il y a un postscriptum! (lisant) « mon cœur s'éclaire-t-il au lieu de s'égarer?.. « Si c'est *oui*, chantez à votre piano cette jolie » romance de *Masini*, que j'aime tant! Ah! ah!..

JENNY, (vivement).

Oh! plus jamais!

CLARA.

Si c'est *non!*.. alors, rendez-moi ma lettre.. et tout sera dit. »

JENNY [voulant la reprendre].

Oh! il en est bien sûr!.. tout de suite... hâtons-nous...

CLARA.

Hâtons-nous lentement, dit le sage... (mouvement de Jenny.) Ah! écoute donc... avec un mari aussi compromettant, je crois que...

JENNY.

Que crois-tu?

CLARA.

Je résisterais difficilement au plaisir de... (nouveau mouvement, — riant.) seulement un peu?.. il l'aurait bien mérité! — Chut! c'est lui!

JENNY, la reprenant.

Ma lettre! (elle la cache vivement.)

SCÈNE XI.

JENNY, ALEXIS, CLARA.

ALEXIS, entrant gaiement, un dossier à la main.

Ah! c'est vous, Mesdames... charmé de vous retrouver pour vous dire... (avec explosion.) j'ai l'histoire de ma veuve... que je marie ce soir, complète! ah! ah! ah!

CLARA, vivement.

Vraiment? ah! contez-nous donc cela?

ALEXIS.

Une drôle d'histoire, allez!

Air : ces postillons.

Je vous préviens, c'est tout un mélodrame..
Et pardonnez si d'avance, j'en ris;
Mais on ne peut dire de cette dame
Que c'est *la femme à deux maris*...
Elle n'en eut pas un! *(mouvement)* je vous le dis.
Et je ne vois dans sa double alliance
Qu'une charade où le plus grand sorcier,
Passe au *second*... faute d'intelligence
Pour saisir le *premier*.

CLARA, (souriant avec un peu d'amertume.)

Cela devient bizarre, ne nous intriguez pas davantage...

ALEXIS.

Madame Morigny, (c'est le nom de ma veuve,) favorisée de tous les dons de la nature, de l'éducation, mais très peu, il paraît, de ceux de la fortune, n'était pas moins adorée d'un jeune officier de carabiniers, M. Morigny par conséquent... bel homme, mais mauvaise tête... qui, ne pouvant obtenir un consentement de sa famille, d'une part, ni une faiblesse de l'autre... Le narrateur doit être juste...n'avait trouvé rien de mieux à faire finalement, que de l'enlever, comme dans une foule de romans, et toujours malgré elle, bien entendu : très bien ! Il devient majeur et maître d'une belle fortune, tout s'arrange pour le mieux, à merveille; mais s'il ne faut que 21 ans, vous ne savez peut-être pas çà, Mesdames? pour disposer de son patrimoine à la barbe des grands parents, il n'en faut pas moins de 25 révolus pour se marier sans leur consentement, au moyen de sommations, que le code appelle respectueuses, et qui ne sont rien moins que çà ! Or, dans les quatre années d'intervalle, quoiqu'un fils, noble rejeton de la gloire paternelle, fût venu ajouter encore à tant de félicité, duel, décès du mari, acte de mariage attaqué par la famille, déclaré nul par le tribunal... et ma pauvre madame Morigny, fort jolie, du reste, dit-on, et fort intéressante, mère sans être femme, et veuve sans être mariée !.. J'ai dit....

CLARA (avec intention marquée).

Un seul mot?.. Je me suis trouvée aux eaux de Vichy, il y a quelques jours, avec une dame.. qui pourrait bien être l'héroïne de votre petit roman !..

JENNY.

Ah !..

ALEXIS [vivement].

Est-elle vraiment jolie?..

CLARA.

Le prétendu n'habite-t-il pas les environs ?..

ALEXIS.

Un château magnifique, trois lieues d'ici, M. de Morant...

CLARA.

Vous le connaissez ?..

ALEXIS.

Pas encore; c'est un ami qui s'est chargé des premières démarches... mais ce soir..

CLARA, (avec émotion légèrement ironique).

C'est qu'alors, vous pourriez vous en former une opinion.. si je m'en rapporte à cette dame, assez mal fondée... Oui, il paraît que c'est un homme d'honneur, M. de Morant, ancien officier lui-même, qui non-seulement n'a rien à apprendre, mais encore, n'épouse cette dame Morigny, lui, oncle du premier mari, que pour remplir, à la honte d'une injuste famille, l'engagement de son neveu, et remplacer de son nom et de sa fortune, ceux dont on n'a pas craint de dépouiller une veuve honorable, et un pauvre enfant innocent de la faute de sa mère !... (Imitant Alexis avec ironie.) Voilà l'histoire... corrigée de cette dame Morigny... assez jolie, dit-on, et fort intéressante... mère, comme vous dites, sans être femme et veuve sans être mariée..- J'ai dit !.. (En souriant) d'après cette dame.

JENNY.

Oh ! combien elle m'intéresse, sans la connaître !

ALEXIS.

Et moi donc ! Quatrième et dernier volume du roman ! Vrai, si je n'étais pas notaire, je me ferais homme de lettres, rien que pour çà ...

CLARA.

Vous y réussiriez, monsieur, s'il ne faut que de l'esprit !

ALEXIS.

Madame..

CLARA.

Air : de l'apothicaire.

Dans l'art de créer un roman
Votre heureux talent est notoire ;
Votre esprit vient, à tout moment,
Au secours de votre mémoire !
Lorsque vous prenez votre essor,
Que de vives historiettes !
Grâce à Monsieur, la Côte d'Or
Pourrait se passer de gazettes !

ALEXIS (se piquant par degré).

Voilà des compliments qui ressemblent à des épigrammes..

CLARA.

Vous croyez?.. au fait, vous devez vous y connaître..

ALEXIS.

Permettez-moi de vous dire que vous me prêtez d'étranges mérites..

CLARA.

On ne prête qu'aux riches..

ALEXIS.

Quand on est en fonds soi-même..

JENNY (intervenant avec dépit).

Clara a bien raison de se fâcher... du moment qu'elle connaît cette dame...

ALEXIS.

Quoi ! vous aussi !.. Deux contre moi ? je ne suis pas de force !..

JENNY (crescendo).

Oh ! je savais bien que toute cette médisance finirait par amener des désagréments !..

(CLARA se calmant).

Jenny, que ce ne soit pas pour cette dame...

ALEXIS.

Comment ! ma femme qui se fache ! C'est la première fois.. et il fallait sans doute l'arrivée d'une amie !..

JENNY.

Cela prouve que j'étais trop faible, voilà tout !..

ALEXIS.

Ou que madame est trop forte ?.. Mais je ne veux pas disputer à l'amitié une influence si heureuse et si naturelle.. Je vous laisse.. Je me retire. (Il remonte vers la fenêtre en feuilletant son dossier.)

CLARA, bas à Jenny, en allant vivement à *elle.

La partie est engagée.. gagne-là !..

JENNY.

Oui; mais comment ?..

* Jenny, Clara, Alexis.

LE CLIENT [en dehors].

Voulez-vous voir s'il n'est pas rentré ?.. c'est la seconde fois..

CLARA [à Jenny, vivement et à demi-voix, avec l'inspiration d'une idée soudaine].

Chut! Qu'entends-je? Cette voix!.. Va, c'est bien.. je m'en charge.. Sors maintenant, et laisse-moi faire.. je te rejoindrai.

(Elle sort au fond.)

ALEXIS [respirant].

Ouf! la voilà partie!

JENNY [à elle-même].

Que je la laisse faire!.. que signifie ?..

SCÈNE XII.

JENNY, LÉON, au fond, ALEXIS.

LÉON [étonné.]

M. Caillard ici ?.. mais on ignore à l'étude...

ALEXIS.

Mon retour.. en effet, qu'est-ce ?.

LÉON.

Un client nouveau.. qui m'a déjà sermoné ce matin..

EXIS.

J'y vais..

JENNY, très émue et se dirigeant vers le fond.

Non.. je vous laisse.. c'est moi...*

LEON [à part.]

Oh! quelle pâleur.. et quelle émotion!

ALEXIS.

Vous sortez, Madame?

JENNY.

Oui.. pour prendre l'air.. respirer.. (bas à Alexis.) Et pour être loin de vous, Monsieur!

(Elle sort au fond à droite.)

LEON [à part].

Elle sort!.. oh! si je pouvais!.. (Ramassant vivement le gant qu'à laissé tomber Jenny et courant après elle.) Ah! mon Dieu!.. ce gant qu'elle perd!.. (Appelant.) Madame Caillard!.. madame Caillard!.. (Il sort.)

ALEXIS [seul, traversant le théâtre].

Ah! je respire!.. au diable l'amie!.. je vous demande de quoi se mêle ce Dom Quichotte femelle.. qui vient tout exprès s'enflammer pour une inconnue, et monter la tête à ma femme!..

LE CLIENT, au fond, à gauche, à la cantonade.

C'est bien.. il n'est pas revenu de son inventaire.. j'attendrai par ici...

ALEXIS [feuilletant le dossier].

C'est le nouveau client..

SCÈNE XIII.

ALEXIS, LE CLIENT.

LE CLIENT, saluant, et avec volubilité.

Ah! monsieur est sans doute le maître clerc? que je ne vous dérange pas, je vous en prie... ce n'est pas à vous que j'ai affaire.. (Il pose son parapluie à droite et s'assied après un salut poli)

*Léon, Jenny, Alexis.

ALEXIS.

Mais, Monsieur...

LE CLIENT.

J'aime seulement mieux attendre ici, oui... parce que là-bas... les allées et venues... les coups d'air et les rhumatismes, çà marche mal ensemble, on ne laisse pas impunément derrière soi cinquante ans, et d'une bonne vie, je m'en flatte, ah!... ah!...

ALEXIS (impatient).

Pardon, Monsieur, mais je suis...

LE CLIENT, l'interrompant.

Ne vous occupez donc pas de moi... et pourtant je dois dire que par là... je m'amusais d'entendre vos jeunes gens conter leurs bonnes fortunes à qui mieux mieux... c'est bavard ces jeunes clercs, comme de vieilles filles!.. j'aime çà moi, çà rajeunit, çà vous rappelle... ah! ah! ah!..

ALEXIS (à part).

Il est jovial, le client; plus que pressé, il paraît, d'en venir à son affaire... cependant... (haut). Je vous répète que je suis...

LE CLIENT.

Etranger à tout çà... je crois bien, le maître clerc?.. ce n'est pas comme ce petit bonhomme qui vient de sortir... Mr Léon, je crois... un œil éveillé, tout jeune, et charmant... très bien...je conçois qu'avec çà... ah! ah! ah!.. (avec mystère.) Mais chut! petites vanteries de jeune homme.

ALEXIS (avec force.)

Ah! Monsieur, me direz-vous enfin ?..

LE CLIENT.

Non, oh! jamais... j'écoute les médisances, mais je ne les répète pas... je ne peux pas souffrir un médisant, tel que vous me voyez!..

ALEXIS, à part.

Et moi...je ne peux pas souffrir les bavards!.. (Il prend un air résolu pour aller parler au client; celui-ci n'est plus sur sa chaise et a pris la gauche par derrière.)* Allons!.. le voilà qui se promène!

LE CLIENT.

Oui, l'habitude du mouvement; quand on a roulé sur les quatre faces du globe, on ne peut plus se tenir tranquille... excepté... (à l'oreille, en riant.) convenu, ah! ah! ah!

ALEXIS, se contenant en riant.

Il m'amuserait, si j'avais le temps... (Il va pour parler.) Monsieur...

LE CLIENT, l'interrompant.

Monsieur, il faut avoir connu les femmes, comme moi, un peu partout, pour savoir à quoi s'en tenir sur la fragilité des choses humaines?. de Moscou à Venise, de la vie amoureuse des gondoles à celle des serres chaudes... le climat n'y fait rien...

ALEXIS, voulant parler.

Monsieur...

*Le Client, Alexis.

LE CLIENT, l'interrompant de nouveau.

Monsieur, les maris sont partout les mêmes ! après cela, ma foi, on se demande où est la vertu ?.. et on se dit comme les anciens, il n'y a plus qu'à se voiler la tête et à désespérer !

ALEXIS, avec explosion.

Ah! bravo !.. première force !.. voilà mon maître !.. moi, au moins, je m'arrête aux limites du Département !..

LE CLIENT, avec finesse.

Vous sentez bien alors que ce n'est pas votre ville qui voudrait faire exception !..

ALEXIS, riant.

Oh! elle s'en garde bien !

LE CLIENT, avec intention.

Et le patron... il paraît... si j'en crois l'autre côté..?

ALEXIS, s'abandonnant avec complaisance.

Mais oui, on dit que dans son temps... (Ils se frappent du coude.)

LE CLIENT, s'arrêtant devant des gravures, pendant qu'Alexis le suit.

Je vois çà tout de suite... les gravures de garçon !..

ALEXIS, riant avec lui.

Danaé !.. *Jupiter et Danaé !*

LE CLIENT.

Europe et Jupiter !...

ALEXIS.

Jupiter... Europe...

LE CLIENT, le tapant de nouveau du coude en tournant le théâtre*.

Un ancien farceur encore que celui-là, un jour en taureau ! un autre en pluie d'or !.. c'était un grand libertin !

ALEXIS.

Bon ! l'antiquité à présent !.. marche, marche...

LE CLIENT.

Et, étonnez-vous donc que les grecs et les romains aient eu de pareilles mœurs, avec des divinités aussi profanes !..

ALEXIS.

Les grecs, les romains,.. ah ! ah! mais c'est un enragé !.. mais je suis à cent mille pieds de çà !.. j'ai envie d'appeler ma femme.

LE CLIENT.

Ah ! farceur de notaire ! (regardant une autre gravure.) *Mars et Vénus* !

ALEXIS.

Continuation de l'allégorie.. ah ! ah !..

LE CLIENT.

C'est ce que je vois... continuation de l'allégorie.. oui, ta femme est peut-être toujours une *Vénus*, mais ce n'est pas toi qui es *Mars* !

ALEXIS, sautant sur lui-même.

Hein ?..

LE CLIENT, riant.

Vulcain, à la bonne heure.

* Alexis, le Client.

ALEXIS.

Plait-il ?..

LE CLIENT, répétant.

Vulcain !..

ALEXIS, s'emportant.

Monsieur !

LE CLIENT.

Oh ! le maître clerc se révolte !.. chut !..

ALEXIS.

Non, non, Monsieur, expliquez-vous ?..

LE CLIENT.

AIR : du Charlatanisme.

Votre patron est un gaillard
Qui doit savoir que cette vie
Est un vaste jeu de billard
Où nous faisons notre partie :
Sans cesse l'on est attaqué
Par des joueurs de tous les âges,
Et si l'un deux vous a manqué,
Par un autre l'on est bloqué...
Sans compter les carambolages.

ALEXIS.

Monsieur, c'est une indignité ?..

LE CLIENT.

Non, c'est une justice.

ALEXIS, à part, s'efforçant de rire.

Il est trop drôle, parole d'honneur, il est à jeter d'un sixième étage ! (haut.) A la fin, Monsieur, qui êtes-vous ?..

LE CLIENT.

Un client,.. je ne sais rien... je n'affirme rien,. je ne répète que ce que j'ai entendu par là... d'abord je vous le dis, j'ai horreur de la médisance.

ALEXIS.

C'est ce que je vois ; mais encore, qu'avez-vous entendu ?.. je veux le savoir. (Il le ramène.)

LE CLIENT.

Oh ! rien que de très ordinaire... il paraît que la patronne fait des visites...

ALEXIS.

C'est naturel.

LE CLIENT.

De son côté, le jeune clerc fait des courses pour le patron.

ALEXIS.

C'est encore naturel.

LE CLIENT.

C'est encore très naturel... mais il paraît que courses et visites se trouvent aboutir au parc que vous appelez !...

ALEXIS, hors de lui.

Oh! infâme imposture ! (Appelant.) Justine! (Puis courant au fond et à la cantonade de gauche.) Ah ! l'étude !.... Monsieur Léon où est-il ?

UNE VOIX FLUTÉE, en dehors. En course !..

ALEXIS, à la femme de chambre qui paraît à droite.

Où est madame ?..

JUSTINE.

En visites.

ALEXIS [hors de lui].

C'est bien çà ! (A Justine.) Très bien ! (Elle sort). *

LE CLIENT, jouant une grande confusion.

Comment, Monsieur, c'est vous qui êtes ?..

ALEXIS [avec feu].

Je n'accepte aucune de vos paroles, au moins, je n'y crois pas; je les repousse comme un insigne mensonge !

LE CLIENT.

Oh ! je vous demande bien pardon..

ALEXIS.

Mais cela ne suffit plus, monsieur ; moi, je vous demande raison..

LE CLIENT.

A moi !... vous voulez tuer un de vos clients ?..

ALEXIS.

Et au plus vite...

LE CLIENT.

Eh bien, non, vous ne ferez pas encore mon inventaire, car je ne me battrai pas !... Non, monsieur, votre serviteur ; je vais trouver un de vos confrères, garçon autant que possible, et j'ai bien l'honneur de vous saluer.

AIR : des chemins de fer.

ENSEMBLE :

ALEXIS.

Ah ! partez donc, sortez bien vite,
De ma présence éloignez-vous;
Car chaque mot de plus excite
Davantage encor mon courroux !

LE CLIENT.

Oui, vraiment, je sors au plus vite,
Car il ne fait pas bon chez vous,
de venir, je vois, en visite
S'exposer à votre courroux !

ALEXIS (ramenant vivement par le bras le client déjà prêt à sortir.)

Mais... pas un seul mot dans la ville !
Jurez-moi bien auparavant.....

LE CLIENT.

Oh ! vous pouvez dormir tranquille...
Car je ne suis pas médisant.

REPRISE DE L'ENSEMBLE.

Ah ! partez donc ! etc.
Oui, vraiment, je vais etc.

(Le client sort par le fond.)

SCÈNE XIV.

ALEXIS [seul].

(Avec explosion.) Qu'est-ce que c'est que cet homme là ?.. serait-il bien possible que ses paroles fussent autre chose que d'infâmes calomnies ?.. Ce sont les propos de l'Etude, dit-il ?.. quoi ! l'on dit.. on répète.. et moi, je ne sais pas.... Ah ! parbleu, oui !.. le mari est toujours le dernier à savoir !... mais ce petit Léon ?.. un enfant !.. non, non, c'est impossible !.. et pourtant je me rappelle... oui des regards... des soupirs... Et ma femme, quand il est là, des distractions... oh! le petit serpent! .. me voilà donc berné, bafoué, l'objet de la risée de toute la ville à qui j'en ai tant prêté, et qui, Dieu merci, ne doit demander qu'à me le rendre!... c'est-à-dire que je suis deux fois plus ridicule qu'un autre !.. Vont-ils s'en donner ! « Vous savez, Caillard, dira le receveur des contributions... qui a tant contribué à me faire passer pour ?.. c'est à son tour maintenant. — Bah ?.. répond, avec joie, le conservateur des hypothèques,.. lui qui prétendait que j'étais grevé... dans le même genre?.. ah ! j'en suis enchanté !» et ainsi du commandant de place!.. des deux adjoints!.. du procureur du roi!.. des trois juges de paix ! surtout, des quatre notaires de la ville, mes doubles confrères ! que d'atroces représailles ! — Non, non, plutôt que d'accepter le ridicule, je vends ma charge... je quitte la ville, je quitte... ma femme ! où est-elle ?.. où la suivre ?.. où porter mes pas ?.. il me l'a dit ! il ne m'a laissé rien ignorer !... au Parc... avec l'épithète convenue !... courons ! oui, oui, je ne puis tenir en place.. de l'air... j'étouffe !.. (Il va pour sortir.)

* Le Client, Alexis.

SCÈNE XV.

LE MÊME, LE CLIENT.

LE CLIENT [reparaissant et cherchant des yeux].

Je vous demande bien pardon..

ALEXIS.

Encore !.. qui vous ramène? que voulez-vous? que cherchez vous ?

LE CLIENT.

Mon parapluie.. ne vous dérangez pas.. je vous demande bien des pardons...

ALEXIS.

Eh ! prenez-le donc et allez au diable! (Il sort au fond.)

LE CLIENT [le suivant à la cantonade.]

Hein !.. plaît-il ?.. ah ! ça, au bout du compte, est-ce que c'est ma faute? est-ce que ça me regarde ?.. je vous trouve plaisant. (Redescendant en arrangeant les plis de son parapluie.) Allons, allons ! il paraît que le notaire n'est pas aussi philosophe pour son compte que pour celui de ses clients... (Il se dispose à sortir).

JENNY [entrant vivement à gauche et venant appeler au fond à la cantonade].

Alexis !.. où court-il ainsi ?.. il ne m'entend pas ?..

SCÈNE XVI.

JENNY, LE CLIENT.

LE CLIENT [s'arrêtant à sa vue].

Ah ! quelqu'un ?... une jeune dame !!.. serait-ce!.. (Saluant comme pour se retirer.) Madame, j'ai bien l'honneur...

JENNY [saluant en redescendant].

Monsieur... demande, sans doute, mon mari? le voilà qui... (elle montre le fond.)

LE CLIENT (jouant l'étonnement).

Votre mari !.. ah ! c'est vous qui êtes ?.. non

Madame, non, je le quitte.. je revenais seulement.. pour mon parapluie.. que j'avais oublié.. (Il s'incline de nouveau pour sortir, puis s'arrêtant soudainement en la regardant.) Eh! mais.. je ne me trompe pas?.. mademoiselle Dutrembsay.. Jenny Dutrembsay?.. fille du brave commandant de ce nom...

JENNY (étonnée).

Oui, Monsieur...

LE CLIENT.

Elevée par sa respectable tante, madame de Saint-Urbain?... (Changeant brusquement de ton.) Ah! c'est vous qui êtes madame Alexis Caillard?.. je vous félicite.. (Se reprenant.) Je veux dire.. enfin, n'importe..

JENNY.

Comment, monsieur!

LE CLIENT.

Rien.. un mauvais bruit, que je ne veux pas répéter... (Il fait un pas.)

JENNY (le retenant).

Parlez, monsieur, expliquez-vous!.

LE CLIENT se [retirant toujours].

Non, je ne dois pas.. d'autant mieux que si jolie et si digne d'être aimée, vous! malheureuse!.. non, je ne peux pas croire.

JENNY [avec feu].

Mais vous faites bien, monsieur! mais cela n'est pas!.. qui peut dire... et qui donc a le droit de douter?..

LE CLIENT [légèrement confus].

Peut-être... ceux qui s'intéressent à votre bonheur, et qui savent...

JENNY.

Qui savent... quoi?.. (A part vivement.) Ah! mon Dieu! notre querelle se serait-elle répandue?.. Est-ce qu'on va dire partout que nous faisons mauvais ménage?.. (Haut, avec assurance douteuse.) Oh! ne craignez pas de continuer, au contraire... je serais curieuse... comme je sais mieux que personne à quoi m'en tenir...

LE CLIENT [d'un ton de bonhomie].

Le fait est qu'il eût été difficile de vous le cacher... quand çà se passe si près...

JENNY, étonnée.

Comment?..

LE CLIENT.

Qu'il suffit d'un signe d'une fenêtre à l'autre...

JENNY.

Un signe!..

LE CLIENT.

Et qu'il n'y a que la rue à traverser...

JENNY.

La rue à traverser!.. Ah! mon Dieu!.. quel soupçon!.. (Elle va à la fenêtre *.)

LE CLIENT.

Pauvre colonel!... Soyez donc dans le génie!..

JENNY, comme à elle-même en redescendant et chancelant.

En effet... ce matin... cette fenêtre... ces regards...

LE CLIENT.

Il est vrai qu'il n'a pas pour çà inventé la poudre... et qu'il porte lunettes!.. (A Jenny vivement.) Eh bien! qu'avez-vous donc?..

JENNY.

Rien...

LE CLIENT.

Comment, rien?.. Elle se trouve mal!

JENNY, se rendant compte à elle-même.

Oui... oui... je me souviens... son tronble!.. sa jalousie!.. Oh! comme j'étais dupe!

LE CLIENT.

Dupe! vous disiez que vous saviez?..

JENNY.

Oh! pas cela... j'en étais bien loin!..

LE CLIENT, avec grand étonnement.

Comment! alors, c'est moi qui vous apprends?.. Oh! que je suis donc fâché... d'avoir oublié mon parapluie...

JENNY.

Oh! mais non... c'est impossible!.. vous disiez vous-même que vous n'y pouviez croire.. D'où savez-vous?.. d'où tenez-vous?..

LE CLIENT.

Mon Dieu!.. là... de l'étude... des causeries de vos jeunes clercs... C'est fûté, çà voit tout... et ils en ont vu bien d'autres, ma foi!.

JENNY.

Bien d'autres!.. ce n'est pas tout?..

LE CLIENT.

Une de plus ou de moins... quand on y est... qu'importe?.. (se reprenant) Oh! mais pardon... qu'ai-je encore dit!.. Je suis désolé d'avoir oublié mon parapluie!..

JENNY (s'animant par degrés).

Et moi, qui ne m'apercevais de rien! qui ne voyais rien! On devait me trouver bien sotte! bien niaise!.. Oh! mais... il ne me connaît pas encore!.. il verra! je me vengerai!..

LE CLIENT.

Oh! permettez... je ne voudrais pourtant pas être cause...

JENNY.

Qu'il revienne!.. qu'il ôse me regarder en face!..

LE CLIENT (à part).

Tudieu! quel changement!.. je ne voudrais pas être à la place du notaire!..

ALEXIS (en dehors).

C'est bien, ma femme est rentrée? très bien.

JENNY.

Le voilà!

LE CLIENT.

Oh!.. pardon... j'ai bien l'honneur... je me retire... mais je m'en voudrai toujours d'avoir oublié mon parapluie!.. (Il sort par le fond).

SCÈNE XVIII.

ALEXIS, PAR LA GAUCHE, JENNY.

JENNY (à part).

Courage!

* Le Client, Jenny.

ALEXIS.

La voilà !.. c'est avec impatience que je vous attendais. D'où venez-vous?

JENNY.

Et vous?

ALEXIS, avec stupéfaction comique et graduée.

Moi !.. comment, elle m'interroge?

JENNY.

Répondez... et vous ?

ALEXIS.

Que je réponde?.. et elle me dit vous!... mais permettez, c'est à moi, Madame, de...

JENNY.

Oh! n'espérez pas, Monsieur, m'abuser davantage... et me donner le change... en jouant le sang-froid... la surprise...

ALEXIS (s'emportant).

Mais, Madame!..

JENNY.

La colère même...

ALEXIS.

Ah ! çà, je rêve... c'est encore elle qui ?..

JENNY.

Je sais tout! vous me trompez !

ALEXIS.

Moi !

JENNY.

Osez seulement lever les yeux devant moi? sur cette fenêtre?

ALEXIS.

Sur cette?.. (Il regarde la fenêtre.)

JENNY.

Oui, et regarder... en face!

ALEXIS, même jeu.

En face?..

JENNY.

Justement, tenez... on soulève le rideau ! elle vous a vu ! elle y est !

ALEXIS, allant à la fenêtre *.

Elle ! qui çà? la femme...

JENNY.

Du colonel!.. ne craignez rien.. il est myope!.. et le tenor n'y est pas!

ALEXIS.

Le colonel!.. le ténor!.. qu'est-ce que ça veut dire?.. Quelle folie!.. ou quel détour!.. (Changeant de ton, avec force.) Encore une fois, d'où venez-vous ainsi?

JENNY.

Oh! moi, je puis répondre... de chez ma tante...

ALEXIS.

Laissez donc ! vous me trompez !

JENNY.

Moi!

ALEXIS.

Vous venez... du parc!

JENNY.

Je vous proteste...

ALEXIS.

Je ne vous crois pas!

* Jenny, Alexis.

JENNY.

A votre aise!

ALEXIS.

Plus de confiance!

JENNY.

Ni moi!

ALEXIS.

Vous l'avez détruite !

JENNY.

C'est vous!

ALEXIS.

C'est!.. au reste, point d'éclat, de querelles, je les déteste.

JENNY.

Oh! pas plus que moi.

ALEXIS.

Quand on n'a plus foi l'un dans l'autre..

JENNY.

Plus d'amour!..

ALEXIS.

Quand on en est là.. il n'y a plus qu'une chose à faire.

JENNY.

J'allais le dire.

ALEXIS (s'éloignant d'elle).

On se sépare!

JENNY [même jeu].

On rompt!

CLARA, qui a paru sur les derniers mots, au fond, à part.

Qu'entends-je?

JENNY.

Et au moins, comme çà, on ne doit de compte à personne..

ALEXIS.

On est libre..

JENNY.

D'aller.. en face!

ALEXIS.

Ou bien.. au parc!

JENNY [passant devant lui].

Si çà me plaît ?

ALEXIS.

Et si çà me convient? Ça me conviendra, au fait...

JENNY.

Et à moi de même.

AIR : des commères. (*Loïsa Puget.*)

JENNY.

Ah ! je cède à la colère,
Non, ceci n'est point un jeu,
Adieu ! (bis)
Je vais quitter ce lieu.
Je retourne chez ma mère,
Car cette existence là
M'exaspère, (bis)
Mais, bientôt, çà finira.

ALEXIS.

On brave, en vain, ma colère,
Tout ceci n'est point un jeu,
Adieu ! (bis)
laissez-moi dans ce lieu.
Retournez chez votre mère,
Oui, cete conduite là
M'exaspère, (bis)
Et bientôt çà finira.

(Jenny sort à droite : au moment où Alexis va sortir à gauche, Clara descend la scène et le retient.)

SCÈNE IXX.*

ALEXIS, CLARA.

CLARA.

Monsieur, vous sortiez?

ALEXIS [avec humeur].

Oui, madame.

CLARA.

Je craindrais de vous retenir.. Cependant, s'il s'agissait d'une affaire urgente?..

ALEXIS [s'arrêtant].

Une affaire?..

CLARA.

Oui, une consultation... je vous demande cinq minutes, pas davantage.

ALEXIS.

Parlez donc, madame, j'écoute, et veuillez.. (Il lui présente un siège et en prend un autre pour lui.)

CLARA [s'asseyant].

Oh! j'ai peu de chose à vous dire... — J'ai une amie, monsieur.. ce n'est pas de moi qu'il s'agit.. une amie véritablement exemplaire, et qui apporta à son mari..

ALEXIS. Ah! elle est mariée?

CLARA [souriant].

Oui, monsieur. (Petit silence. Alexis l'engage à continuer.) Ah!.. j'attendais une épigramme.. pardon... (Sérieusement.) Elle apporta, dis-je, une de ces âmes d'élite, trésor de candeur et de pureté, qu'un époux prudent n'eût sû avec trop de soin mettre à l'abri d'un contact dangereux.. tremblant, par une plaisanterie équivoque, d'appeler de sa part une question embarrassante, d'éveiller en elle un soupçon curieux..

ALEXIS [vivement].

Au fait, madame, je vous prie.. ces détails...

CLARA.

Au fait, monsieur, le contraire arriva.. Habitué à traiter assez cavalièrement tout ce qui l'entoure, ce mari n'a pas songé que cet entourage, maintenant, est aussi celui d'une jeune femme jusques là innocente.. mais qui, à force d'entendre répéter à son oreille, moins chaste chaque jour, que les autres sont... autrement qu'elle, doit croire naturellement que c'est là la vie admise et toute simple..

ALEXIS [commençant à comprendre, à part].

Que signifie?...

CLARA.

Que, dans cette société mal comprise par elle, elle est une exception, un phénomène!.. et, dès lors, par ce sentiment craintif du ridicule inné en tout ce qui ne se sent pas fait pour l'extraordinaire, se dépêche bien vite... de rentrer dans la classe commune et de faire.. comme tout le monde...

ALEXIS [sautant sur sa chaise, à part].

Mais... c'est mon affaire! c'est une attaque... directe... à bout portant!.. (Haut.) Madame?..

CLARA.

Ah! cela vous indigne... cela vous révolte?.. et pourtant.. pauvre femme!.. si elle hésitait encore? et qu'on fût venu lui dire que son mari, lui aussi, le premier, est infidèle, qu'il la trompe?..

ALEXIS [s'emportant et se levant].

C'est faux!

CLARA [se levant aussi].

Eh! bien, cela fût-il faux, elle le croira maintenant!

Air : d'Aristippe.

Naguère encor timide et tendre femme,
Elle croyait à la fidelité;
La médisance, épargnant sa jeune âme,
N'en avait point terni la pureté;
Mais le démon, si fréquemment tenté,
Instruit, un jour, sa naïve ignorance
A se venger de qui l'osa tromper...
Et lorsque femme a rêvé la vengeance,
Bien fin celui qui pourrait échapper.

ALEXIS [poussé à bout].

Ah! c'est trop fort! cessez ce jeu cruel?..

CLARA.

Alors, plus de ménage! hier, le paradis, aujourd'hui, l'enfer!.. rupture, séparation!

ALEXIS.

Ah! de grâce, Madame!

CLARA.

Et qu'a-t-il fallu pour briser tout cela, à l'instant, d'un seul coup? Eh! mon Dieu! peut-être tout bonnement une méchante langue, et le premier médisant venu!..

ALEXIS (sautant sur lui-même).

Hein!.. vous avez dit!.. ah! oui, oui, Madame... ce dernier mot m'éclaire!.. dites que ce mari, c'est moi! que cette femme, c'est la mienne! qu'il est temps encore... qu'elle n'a pas cessé de m'aimer, d'être digne de mon amour... et que la calomnie seule?..

On entend Jenny à droite chanter, en s'accompagnant sur son piano, la romance de *Masini : Si tu savais comme je t'aime*)!

CLARA (souriant à part).

Ah!.. le prélude de l'air demandé!.. çà se complique!.. (haut) Ah! je ne pourrais plus guère maintenant en répondre...

ALEXIS.

Comment! (à lui-même) hein! qu'est-ce que ma femme chante là?.. *si tu savais comme je t'aime!*

CLARA.

Sans doute, car.. on a vu des femmes.. légitimement blessées... et entraînées par le dépit... la vengeance...

ALEXIS.

Achevez?.. (avec impatience) ma femme!.. qui vient nous étourdir avec son piano!..

CLARA.

Se monter la tête.. s'avancer légèrement...

* Clara, Alexis.

ALEXIS.

O ciel ! (Remontant avec impatience et frappant du pied à la porte de droite). Mais on ne s'entend pas... silence donc !... — (revenant à Clara) vous disiez, madame ?..

CLARA.

Je dis, Monsieur, qu'enfin... parfois... à un signal convenu...

ALEXIS [regardant la porte de droite].

Un signal ?

CLARA.

Par exemple... un certain air chanté par elle...

ALEXIS.

Hein !.. plaît-il ?.. un air...

CLARA [haussant la voix].

On voit l'amant heureux accourir...

(Léon paraît au fond.)

ALEXIS (le voyant).

Léon !

CLARA [souriant à part].

Le voilà.

LEON [à part].

Ciel! le mari!

SCÈNE XX.

CLARA, LÉON, ALEXIS.

ALEXIS.

Que voulez-vous? que demandez-vous ?

LEON [très ému].

Mais... on m'a dit à l'étude.. c'est vous, Monsieur, qui m'avez fait demander ?.. (à part) Oh! ce chant!.. cette voix!..

ALEXIS [avec force].

Non, non... allez-vous en...

LEON.

Oui, Monsieur, oui... (à part) s'il n'était pas là !...

CLARA [souriant à part en regardant Léon].

Pauvre garçon !.. çà l'arrête court !.. lui qui brûle de s'instruire !..

(Le chant qui n'a pas cessé pendant tout ce qui précède doit être calculé de façon à ce qu'ait lieu ici la reprise : *si tu savais comme je t'aime !*)

ALEXIS.

Encore ?.. (à la porte.) Assez, assez, donc! .. (se répétant à lui-même avec dépit comique) *si tu savais comme je t'aime!* (à Léon, hors de lui), sortez donc ! (Ici le chant cesse. — Avec joie). Ah !.. elle s'arrête !.. (Haut à Léon). Non, restez !.. D'où venez-vous?

LEON [regardant la porte de Jenny].

De course, Monsieur.

ALEXIS.

Quelle course ?

LEON [à part, avec chagrin].

Elle l'aura entendu ?.. elle se tait !

ALEXIS.

Je vous demande...

LEON.

Chercher un dossier... porte saint Pierre...

ALEXIS [vivement à part].

Porte saint Pierre !.. et la tante porte saint Guillaume !.. nord et sud !.. Ils se tournaient le dos !.. s'il est vrai ?.. (haut). Et quels sont, s'il vous plaît, ces propos tenus par vous dans l'étude ?..

LEON [étonné].

Des propos !.. sur quoi, Monsieur ?..

ALEXIS.

Oh ! vous me comprenez bien...

LÉON.

Mais du tout, je vous jure... (enlevé) et s'il vous faut le témoignage de toute l'étude, elle est là au complet, je vais l'amener en masse!..

(il remonte vivement).

CLARA [riant à part].

Oh !

ALEXIS [vivement].

Non, non, c'est inutile... restez! (Léon revient — Se reprenant), je veux dire... sortez !.. (à part). Je ne sais plus ce que je dis!.. (il traverse à gauche).

CLARA, allant prendre par la main Jenny qui paraît à droite.

Eh! viens donc, chère amie !..

LEON, à part, avec joie en sortant sur un geste d'Alexis.

C'est égal... monsieur Caillard avait raison.

SCÈNE XXI.

ALEXIS, CLARA, JENNY.

CLARA, à Jenny.

Ah ! que vois-je ?.. cette émotion... des larmes !..

JENNY.

Oh ! si tu savais ce qui s'est passé depuis...

CLARA, appuyant avec intention.

Ta visite chez ta tante ?..

ALEXIS, saisi.

Quoi ?..

JENNY, avec dédain, à Alexis.

Vous l'entendez, Monsieur !..

CLARA, jouant la surprise.

Il en doutait !.. (à Alexis). Oui, Monsieur, oui, je l'y accompagnais, et ne l'ai pas quittée.

ALEXIS, bouleversé.

Madame !.. vous !.. Ah ! je voudrais... mais je ne puis... je n'ose...

CLARA [enlevé].

N'est-ce que cela ?.. s'il vous faut le témoignage de madame saint Urbain, je cours.. (elle remonte vivement).

ALEXIS (allant à sa femme).

Eh ! non ! non ! (à lui-même). Quelle rage de justification publique !.. (à Clara). Oui, oui, vous avez raison, madame... tout ce mystère doit être l'œuvre de la médisance !.. si je juge par moi... Jenny, répondez... réponds... qui a pu m'accuser ?.. que je me justifie !... que je sache...

JENNY.

Mon Dieu !... un monsieur... que j'ai trouvé ici... que je ne connais pas... qui m'a parlé de ma tante... et qui venait de te quitter...

ALEXIS (enlevé).

C'est lui !... c'est le même !... plus de doute... (comme l'interrogeant.) Une cinquantaine d'années ?... la croix... un parapluie... et une langue ?...

JENNY.

C'est bien cela.

ALEXIS (avec explosion).

C'est mon maître médisant !... mais où ce diable d'homme a-t-il été chercher ?... mais quel est-il ?.. d'où sort-il ?

CLARA, (qui a contenu son rire pendant ce qui précède).

Quel homme ?

ALEXIS [jeu continué].

Est-ce que je sais moi-même ?.. un homme... en apparence, toujours... une forme de client !.. une figure de satyre... le diable !... il ne lui manque que les...

SCÈNE XXII.

CLARA, LE CLIENT, ALEXIS, JENNY, LÉON.

LE CLIENT [entré sur les derniers mots].

Bien obligé.

CLARA, riant, en allant au devant de lui.

Je vous remercie pour mon mari.

ALEXIS, JENNY.

Son mari !

LE CLIENT [souriant avec bonhomie].

Si vous voulez bien le permettre...

LÉON [entré derrière le client et démarquant bien vite les cornes faites à son dossier].

Oh ! c'est M. de Morant... qui vient signer son contrat !...

ALEXIS [stupéfait].

Monsieur de...

CLARA [riant avec finesse].

Morant... ce bonhomme...

ALEXIS.

Ah ! mon Dieu !... et vous madame, alors ?...

DE MORANT [raillant].

La veuve !... (à Léon.) La bouteille à l'encre !...

CLARA.

Vous conviendrez que cela criait vengeance !

DE MORANT.

Et voilà pourquoi elle m'en a chargé.

ALEXIS]vivement].

Eh ! quoi !... alors, les propos de l'étude ?..

DE MORANT (montrant Clara).

C'est ma femme...

JENNY (vivement).

Et ma tante ?...

DE MORANT (souriant toujours).

Je ne la connais que par ma femme... c'est elle qui a dirigé toute la manœuvre.

ALEXIS (confus).

Ah ! madame !...

CLARA (allant à lui, et d'un air aimable). *

Que voulez-vous, monsieur, ce sont des représailles : un peu de médisance à mon tour !.. vous ne prétendiez pas en avoir le monopole ?..

ALEXIS.

Ah ! par quelles excuses racheter ?... heureusement, votre indulgence semble égaler ma confusion... (à lui-même.) Et ma joie !... ouf ! j'ai bien crû... ô ma ville natale ! tu m'as fait monter la moutarde au !..

CLARA.

Si cela ne vous corrige pas ?... — A propos, vous n'avez pas répondu à ma consultation...

ALEXIS (tendant la main à sa femme).

Voici ma réponse.

JENNY, (tendant de l'autre à Léon sa lettre, et à demi-voix).

Et la vôtre.

LÉON (accablé).

Ma lettre !

CLARA (le plaignant, à part).

C'est une autre gamme !...

LÉON (à part en soupirant).

Allons !... décidément, M. Caillard avait tort !

(DE MORANT, à Alexis d'un air goguenard).

Vous ne direz plus de mal des veuves, n'est-ce pas ?..

JENNY.

Oh ! ni des femmes mariées ?... sans cela...

CLARA (bas en riant à Alexis).

Gare la musique !...

ALEXIS (avec exagération comique.)

Comment donc ! toutes les femmes, entendez-vous bien, monsieur Léon... (allant à lui,) c'est pour vous que je dis ça... toutes les femmes sont des modèles de sagesse !... de vertu !... de fidélité !... (à part.) Sous bénéfice d'inventaire.

Air : l'hymen est un lien charmant.

JENNY, *au public.*

Si l'orage a fui... jusqu'ici,
(*montrant Clara.*) Nous le devons à notre amie...

CLARA, *montrant en souriant le parapluie de son mari.*

Et.. peut-être, à ce parapluie
Qui, par un favorable oubli,
Leur servit à propos d'abri..

ALEXIS, *prenant le bras de sa femme.*

Mais hélas ! l'hymen en butte
A tant d'écueils !... le moindre vent
Comme un ballon vous le culbute.....

DE MORANT.

Alors, messieurs, dans cette lutte
(*le montrant*) Un parapluie est impuissant..
Ce qu'il faut, c'est un parachute.

TOUS.

Le parapluie est impuissant
Vous seuls tenez le parachute.

* De Morant, Clara, Alexis, Jenny, Léon.

(*Le rideau baisse*).

Saint-Denis-du-Port, près LAGNY, — Imprimerie hydraulique de GIROUX et VIALAT.

EN VENTE CHEZ LE MÊME ÉDITEUR.

	c.
Carmagnola, opéra.	60
Un Monstre de Femme, vaudeville.	40
Une Chaîne, comédie.	60
La Main de Fer, opéra-comique.	60
Endymion, vaudeville.	40
Le Novice, comédie-vaudeville.	30
Les Secondes Noces, comédie-vaudeville.	60
La Jeunesse de Charles-Quint, opéra-comique.	60
Le vicomte de Létorières, comédie-vaudeville.	60
Les Fées de Paris, comédie-vaudeville.	50
Pour mon Fils, comédie-vaudeville.	50
Le Diable à l'école, opéra-comique.	50
Lucienne, comédie-vaudeville.	50
Les jolies Filles de Stilberg.	40
L'Enfant de chœur, vaudeville.	40
Le Grand-Palatin, comédie-vaudeville.	60
La Tante mal gardée, vaudeville.	60
Le Duc d'Olonne, opéra-comique.	60
Les Circonstances, comédie-vaudeville.	40
La Chasse aux vautours, comédie.	40
Les Batignollaises, vaudeville grivois.	40
Une Femme sous les scellés.	30
Les Aides-de-camp, comédie-vaudeville.	50
Oscar, comédie.	60
Carabins et Carabines, vaudeville.	50
Le Mari à l'essai, vaudeville.	50
Chez un Garçon, vaudeville.	40
Jaket's-Club, vaudeville.	50
Mérovée, vaudeville.	50
Les deux Couronnes, comédie.	60
Le Code noir, opéra-comique.	60
Au Croissant d'argent, comédie-vaudeville.	50
Le Château de la Roche-Noire, comédie.	40
Les Diamants de la Couronne, opéra-comique.	60
Mon illustre Ami, comédie-vaudeville.	40
Le premier Chapitre, comédie.	50
Talma en congé, vaudeville.	40
L'Omelette fantastique, vaudeville.	50
La Dragonne, comédie.	50
La Sœur de la Reine, drame.	60
Le Poète, comédie.	50
La Vendetta, vaudeville.	50
Une Maîtresse anonyme, comédie.	50
Le Kiosque, opéra-comique.	50
Le Loup dans la bergerie.	50
La peau du Lion.	60
Le roi Dagobert.	60

Les Informations Conjugales, vaudeville.	50
L'Hôtel de Rambouillet.	60
Les Deux Impératrices.	60
La Caisse d'Epargne.	60
Thomas le Rageur.	50
Derrière l'Alcove.	30
La Villa Duflot.	50
Péroline.	50
Une Femme à la Mode.	40
Les Egarements d'une Canne, etc., vaudev.	40
Les Deux Anes.	40
Foliquet, coiffeur des dames, vaudeville.	50
L'Anneau d'Argent, comédie.	40
Recette contre l'Embonpoint.	50
Don Pasquale, opéra buffa.	40
Mademoiselle Déjazet au sérail, vaudeville.	40
Touboulic le Cruel, vaud.	40
Hermance.	60
Canuts.	50
Entre Ciel et Terre.	40
L'homme de Paille.	40
Angélique et Médor.	50
Loisa.	60
Jocrisse en Famille.	40
La chasse aux Belles Filles.	60
La Salle d'Armes.	40
Une Femme compromise.	60
Patineau.	40
Madame Roland.	60
Les Réparations.	50
La Fille de Figaro.	50
Le Mariage du Gamin de Paris.	50
La Veille du Mariage.	40
Paris bloqué.	60
Ménage Parisien.	1 00
La Bonbonnière.	50
Adrien.	50
Les deux Paires de Bretelles.	50
Le Major Cravachon.	40
Pierre le millionnaire.	60
Carlo et Carlin.	60
Le Moyen le plus sûr.	50
La Polka en province.	50
Une Séparation.	40
Le Papillon Jaune et Bleu.	50
Frère Galfâtre.	60
Le Troubadour-Omnibus.	50
Nicaise à Paris.	40

EN VENTE A LA MÊME ADRESSE :

L'AIEULE

In-8°. — Prix : 60 c.

LA MARQUISE DE SENNETERE

In-8°. — Prix : 1 fr.

Imprimerie hydraulique de Giroux et Vialat, Saint-Denis-du-Port, près Lagny.

www.ingramcontent.com/pod-product-compliance
Lightning Source LLC
LaVergne TN
LVHW020508230826
846091LV00008BA/3411

* 9 7 8 2 0 1 1 9 0 5 8 6 4 *